This journal belongs to:

_____
_____

January

1	2	3	4
8	9	10	11
15	16	17	18
22	23	24	25
29	30	31	

5	6	7	
12	13	14	
19	20	21	
26	27	28	

January

1

2

3

4

January

5

6

7

8

January

9

10

11

12

January

13

14

15

16

January

17

18

19

20

January

21

22

23

24

January

25

26

27

28

January

29

30

31

February

1	2	3	4
8	9	10	11
15	16	17	18
22	23	24	25
29			

	6	7	
	13	14	
	20	21	
	27	28	

February

1

2

3

4

February

5

6

7

8

February

9

10

11

12

February

13

14

15

16

February

17

18

19

20

February

21

22

23

24

February

25

26

27

28

February

29

March

1	2	3	4
8	9	10	11
15	16	17	18
22	23	24	25
29	30	31	

5	6	7	
12	13	14	
19	20	21	
26	27	28	

March

1.

2.

3.

4.

March

5

6

7

8

March

9

10

11

12

March

13

14

15

16

March

17

18

19

20

March

21

22

23

24

March

25

26

27

28

March

29

30

31

April

1	2	3	4
8	9	10	11
15	16	17	18
22	23	24	25
29	30		

5	6	7	
12	13	14	
19	20	21	
26	27	28	

April

1

2

3

4

April

5

6

7

8

April

9

10

11

12

April

13

14

15

16

April

17

18

19

20

April

21

22

23

24

April

25

26

27

28

April

29

30

May

1	2	3	4
8	9	10	11
15	16	17	18
22	23	24	25
29	30	31	

	6	7	
	13	14	
	20	21	
	27	28	

May

1.

2.

3.

4.

May

5

6

7

8

May

9

10

11

12

May

13

14

15

16

May

17

18

19

20

May

21

22

23

24

May

25

26

27

28

May

29

30

31

June

1	2	3	4
8	9	10	11
15	16	17	18
22	23	24	25
29	30		

5	6	7
12	13	14
19	20	21
26	27	28

June

1

2

3

4

June

5

6

7

8

June

9

10

11

12

June

13

14

15

16

June

17

18

19

20

June

21

22

23

24

June

25

26

27

28

June

29

30

July

1	2	3	4
8	9	10	11
15	16	17	18
22	23	24	25
29	30	31	

5	6	7	
12	13	14	
19	20	21	
26	27	28	

July

1.

2.

3.

4.

July

5

6

7

8

July

9

10

11

12

July

13

14

15

16

July

17

18

19

20

July

21

22

23

24

July

25

26

27

28

July

29

30

31

August

1	2	3	4
8	9	10	11
15	16	17	18
22	23	24	25
29	30	31	

	6	7	
	13	14	
	20	21	
	27	28	

August

1.

2.

3.

4.

August

5

6

7

8

August

9

10

11

12

August

13

14

15

16

August

17

18

19

20

August

21

22

23

24

August

25

26

27

28

August

29

30

31

September

1	2	3	4
8	9	10	11
15	16	17	18
22	23	24	25
29	30		

5	6	7	
12	13	14	
19	20	21	
26	27	28	

September

1.

2.

3.

4.

September

5

6

7

8

September

9

10

11

12

September

13

14

15

16

September

17

18

19

20

September

21

22

23

24

September

25

26

27

28

September

29

30

October

1	2	3	4
8	9	10	11
15	16	17	18
22	23	24	25
29	30	31	

5	6	7	
12	13	14	
19	20	21	
26	27	28	

October

1

2

3

4

October

5

6

7

8

October

9

10

11

12

October

13

14

15

16

October

17

18

19

20

October

21

22

23

24

October

25

26

27

28

October

29

30

31

november

1	2	3	4
8	9	10	11
15	16	17	18
22	23	24	25
29	30		

	6	7	
	13	14	
	20	21	
	27	28	

november

1.

2.

3.

4.

november

5

6

7

8

november

9

10

11

12

november

13

14

15

16

november

17

18

19

20

november

21

22

23

24

november

25

26

27

28

november

29

30

December

1	2	3	4
8	9	10	11
15	16	17	18
22	23	24	25
29	30	31	

5	6	7	
12	13	14	
19	20	21	
26	27	28	

December

1

2

3

4

December

5

6

7

8

December

9

10

11

12

December

13

14

15

16

December

17

18

19

20

December

21

22

23

24

December

25

26

27

28

December

29

30

31

Made in the USA
Coppell, TX
10 October 2020